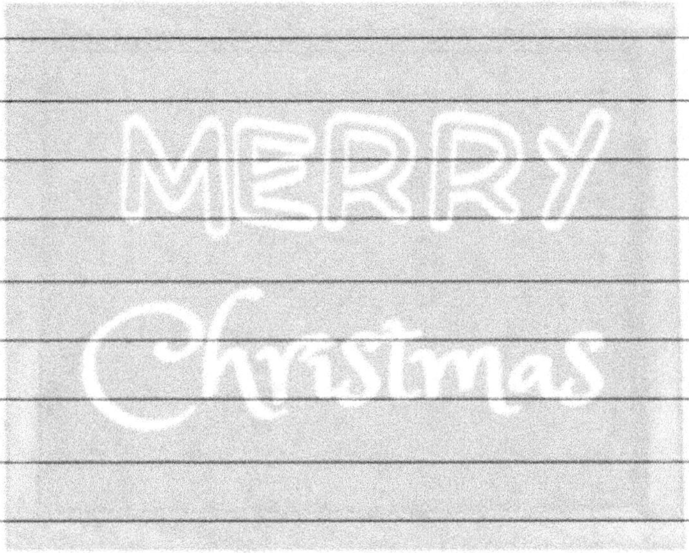
MERRY
Christmas

MERRY Christmas

MERRY Christmas

MERRY Christmas

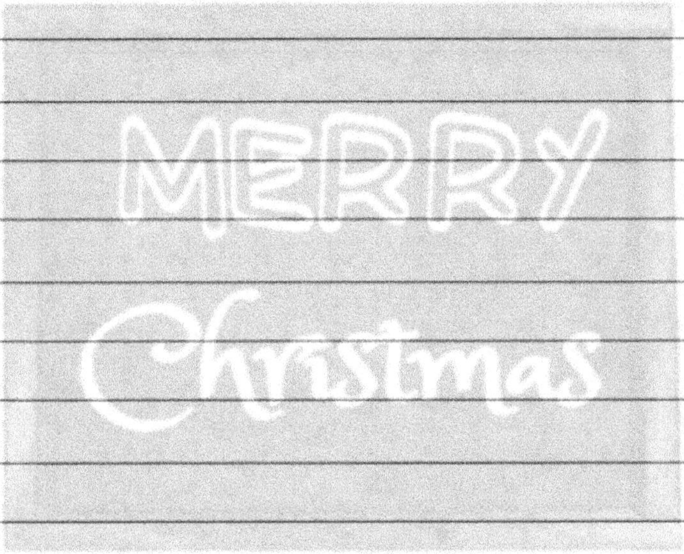
MERRY
Christmas

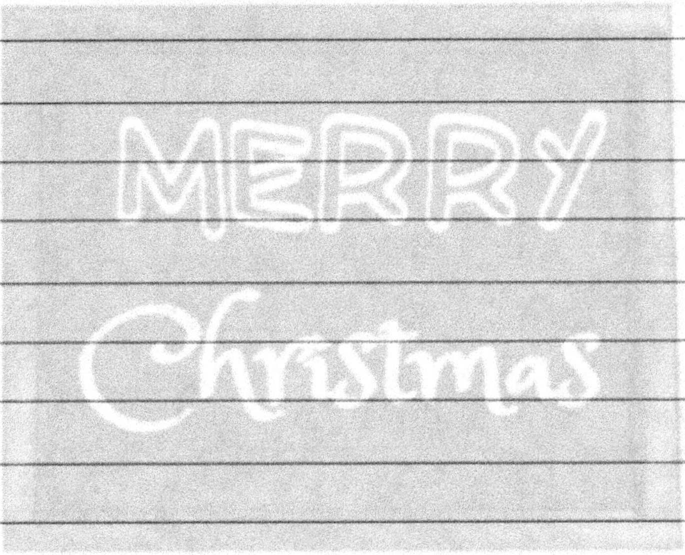
MERRY
Christmas

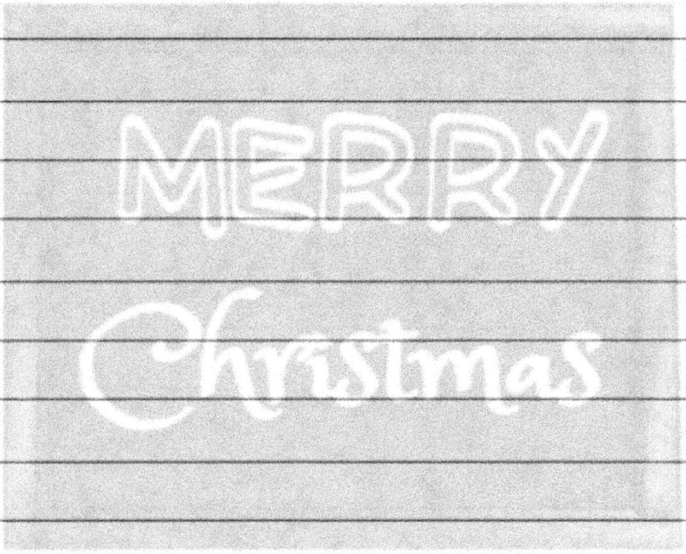
MERRY
Christmas

MERRY Christmas

MERRY Christmas

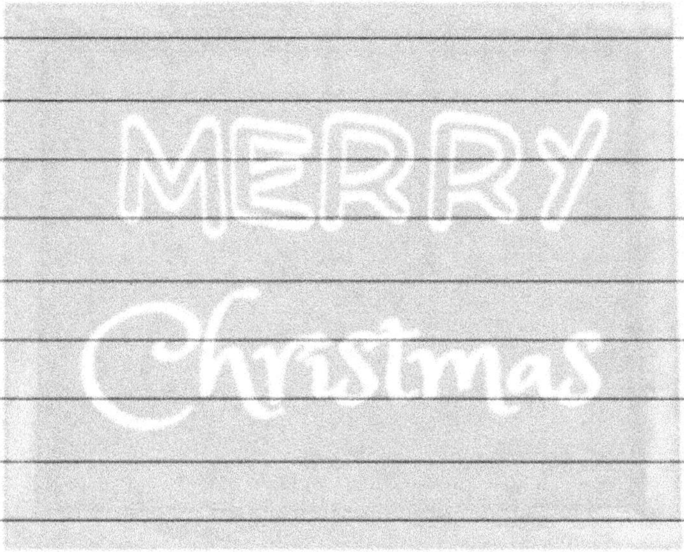
MERRY
Christmas

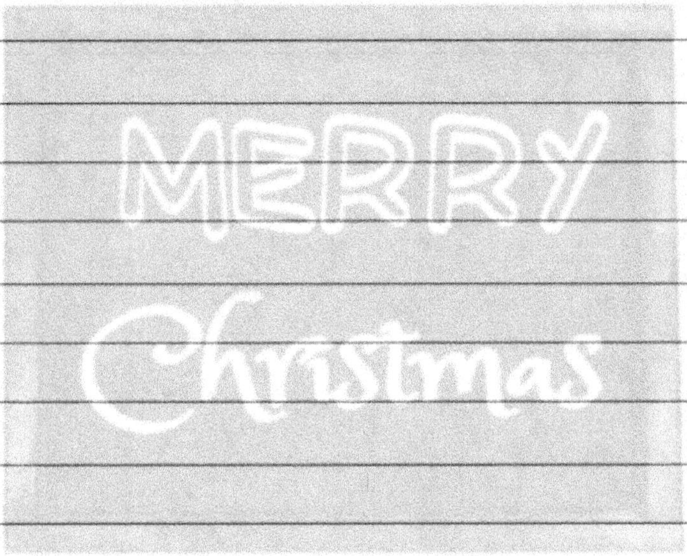
MERRY
Christmas

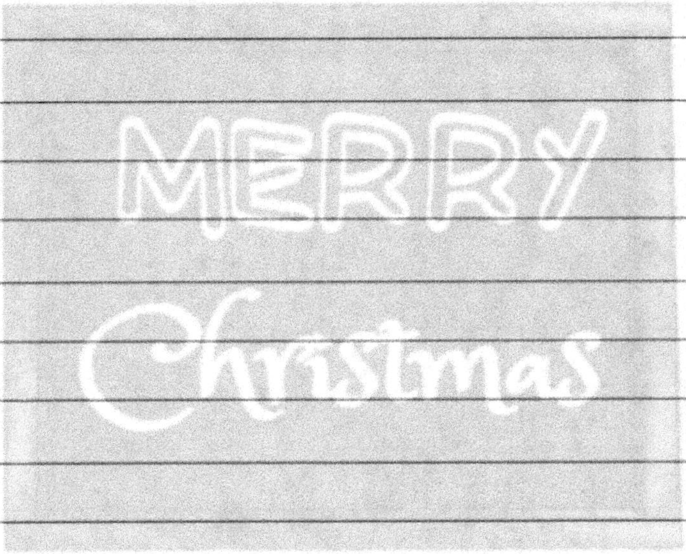
MERRY
Christmas

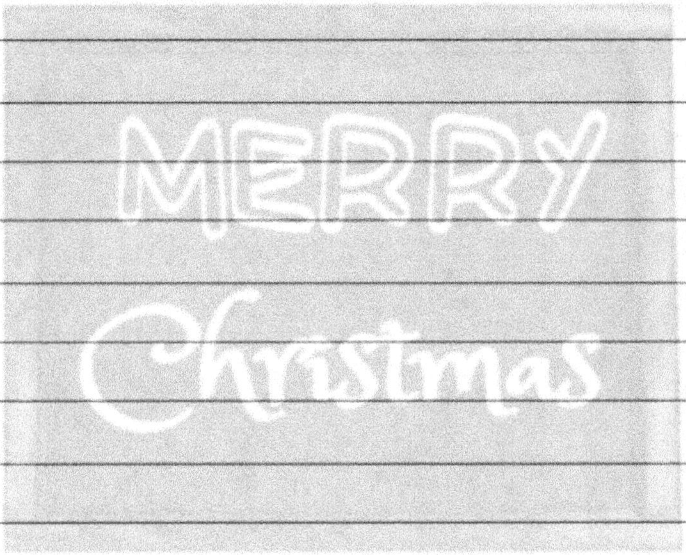
MERRY
Christmas

Merry Christmas

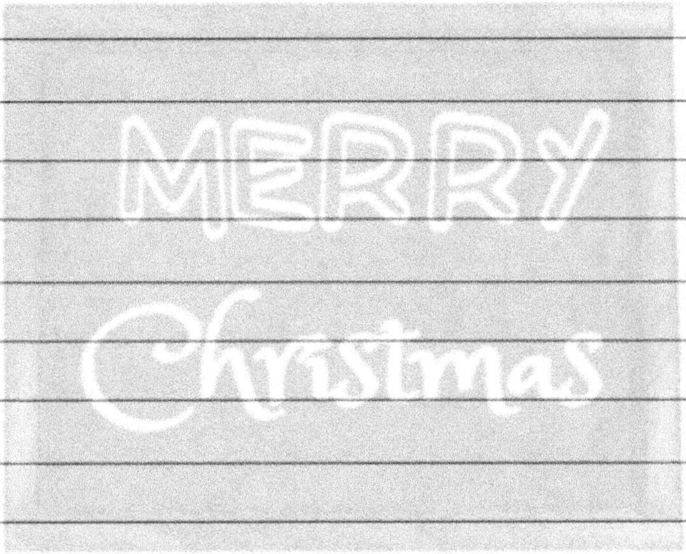
MERRY
Christmas

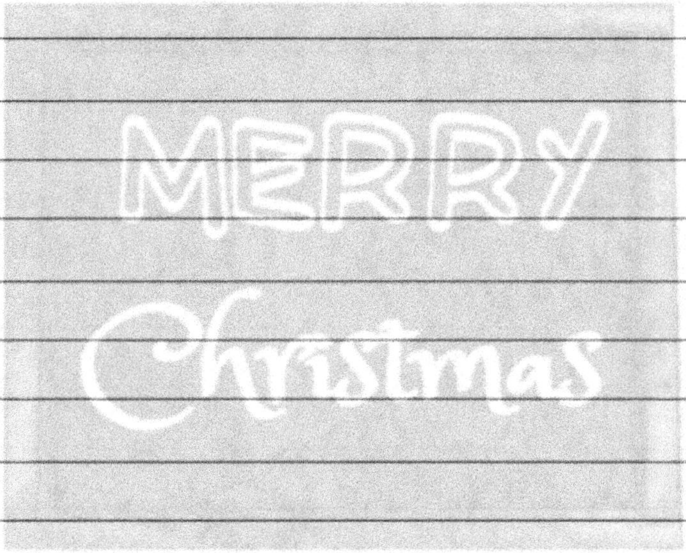
MERRY
Christmas

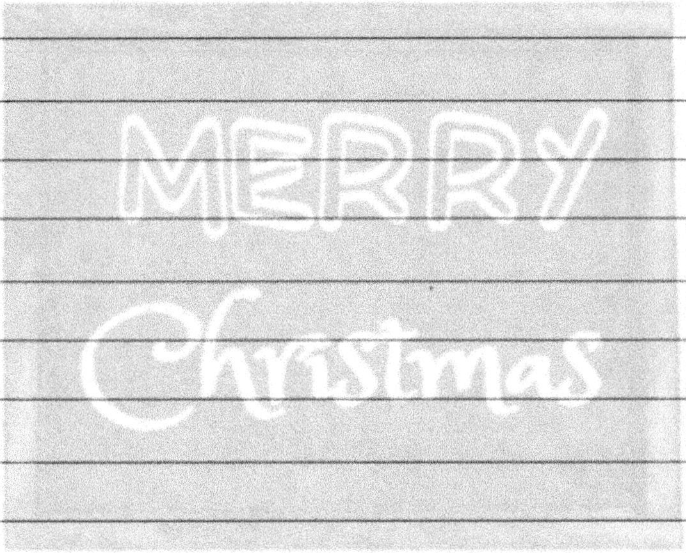
MERRY
Christmas

MERRY Christmas

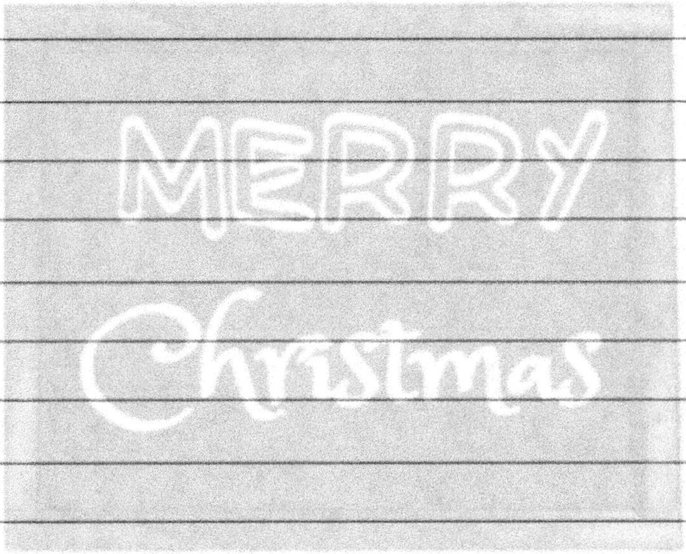
MERRY
Christmas

MERRY Christmas

MERRY Christmas

MERRY
Christmas

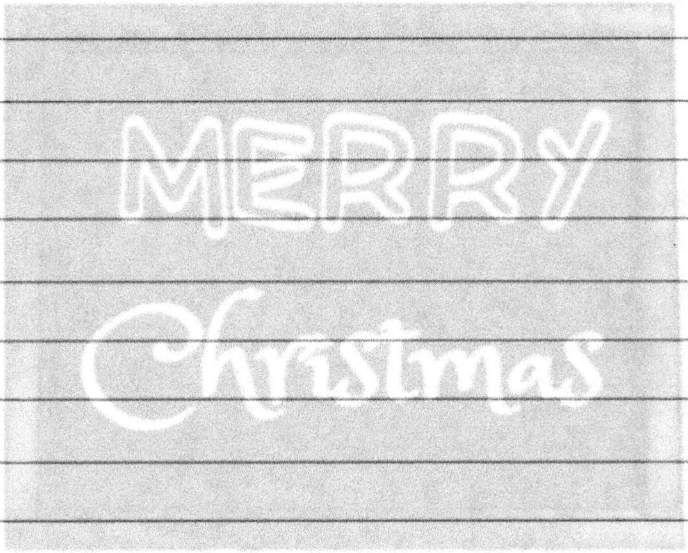
MERRY
Christmas

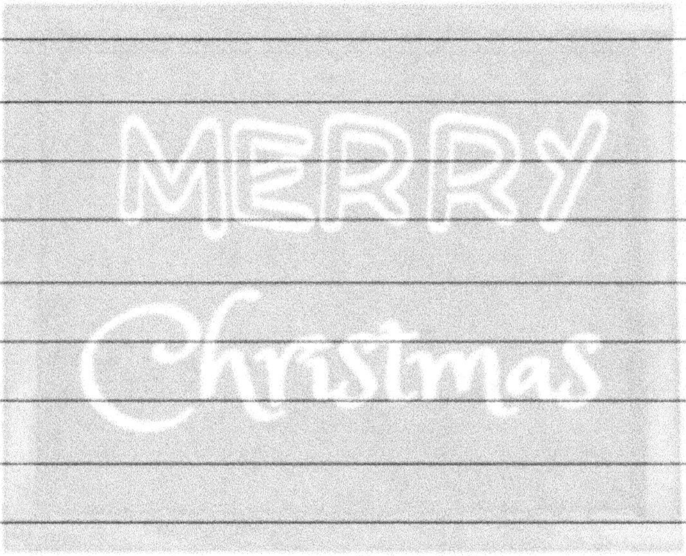
MERRY
Christmas

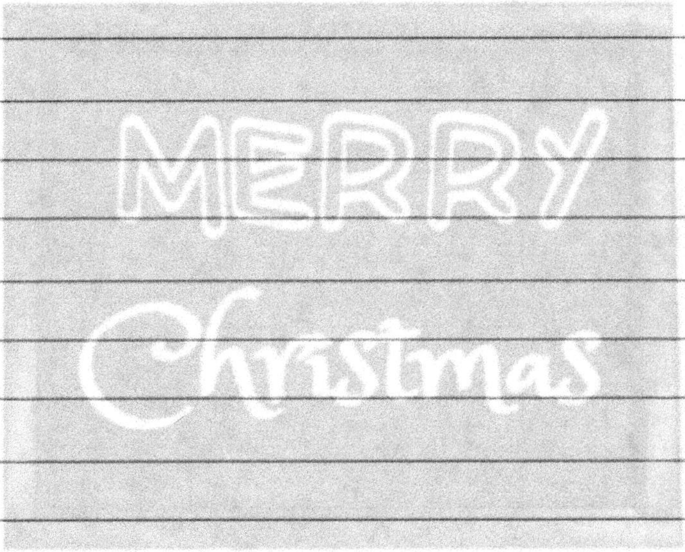
MERRY
Christmas

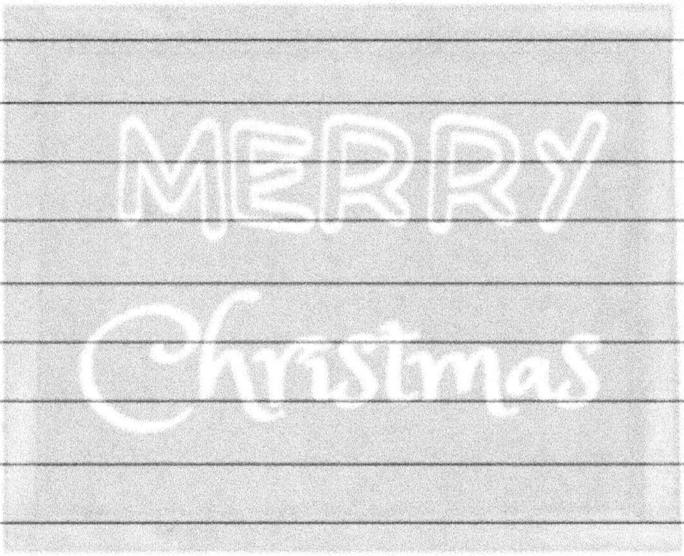
MERRY
Christmas

MERRY Christmas

MERRY
Christmas

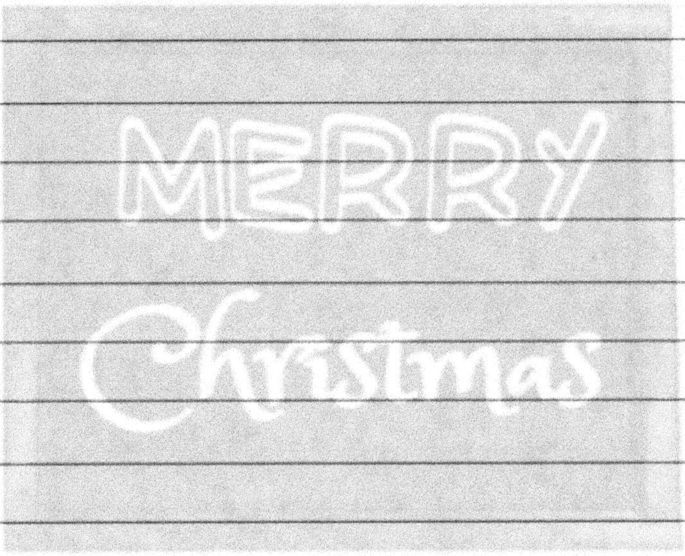
MERRY
Christmas

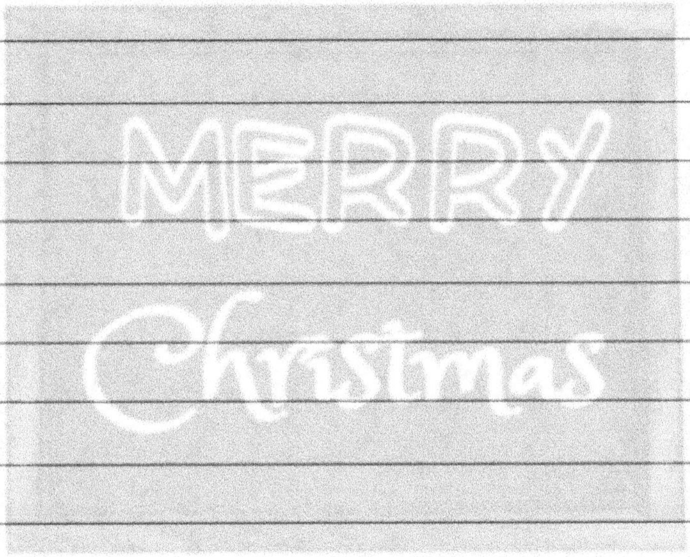
MERRY
Christmas

MERRY Christmas

MERRY
Christmas

MERRY Christmas

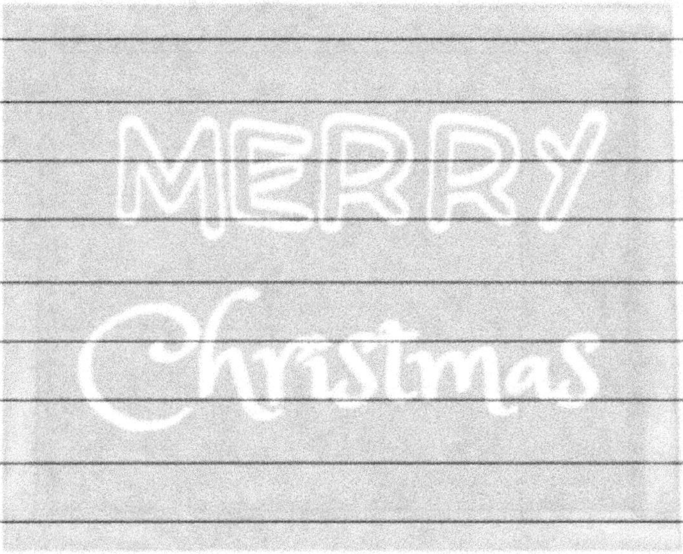
MERRY
Christmas

MERRY Christmas

MERRY Christmas

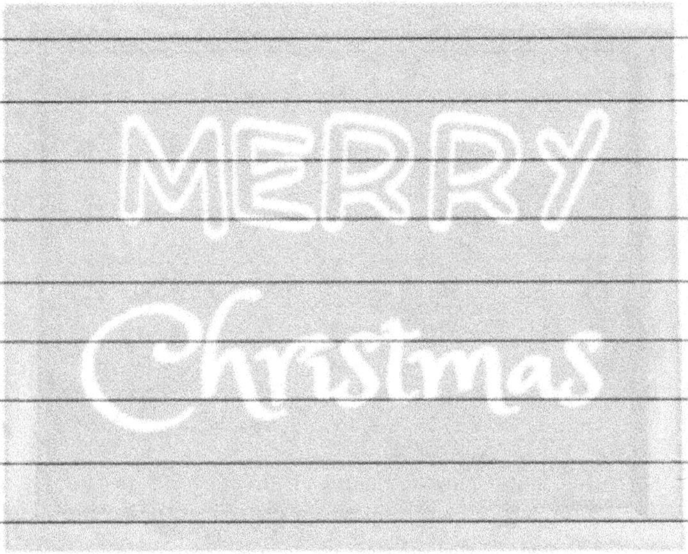
MERRY
Christmas

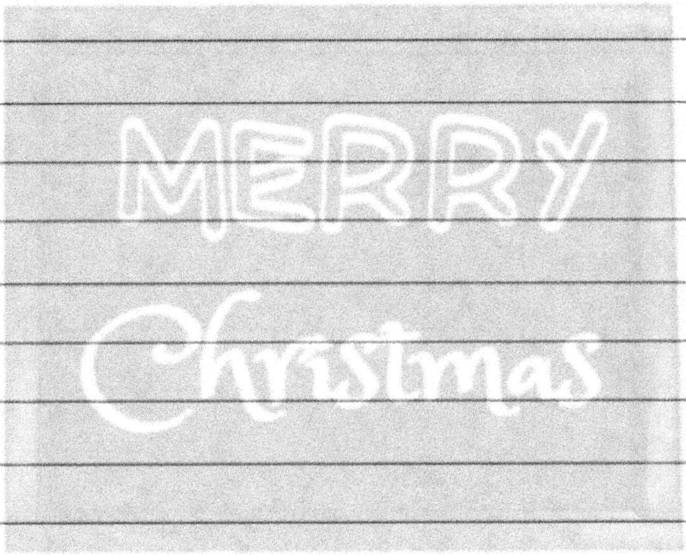
MERRY
Christmas

MERRY Christmas

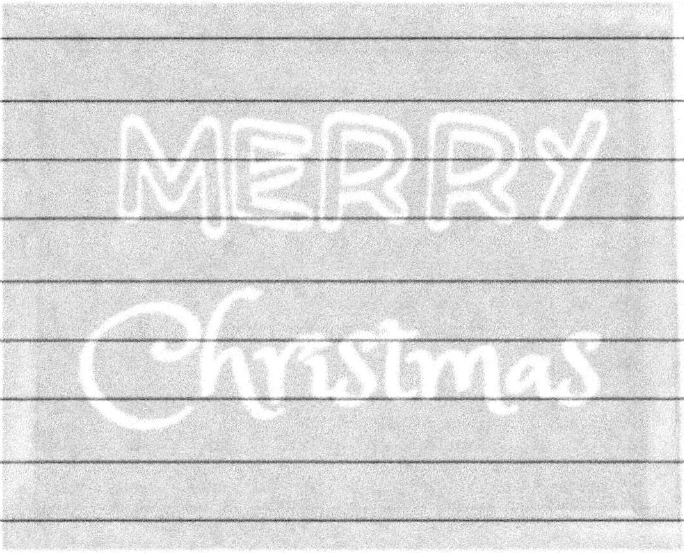
MERRY
Christmas

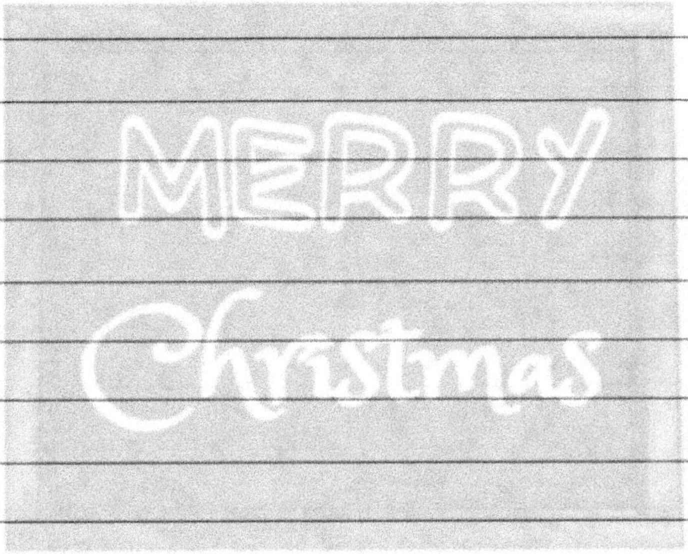
MERRY
Christmas

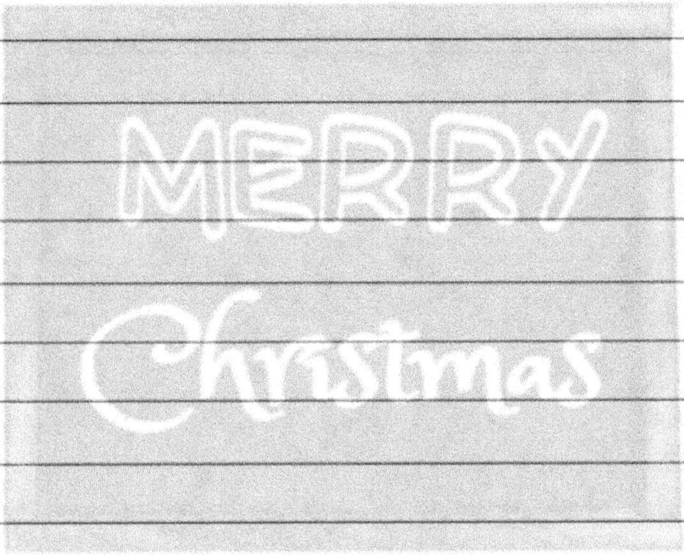
MERRY
Christmas

MERRY Christmas

Merry Christmas

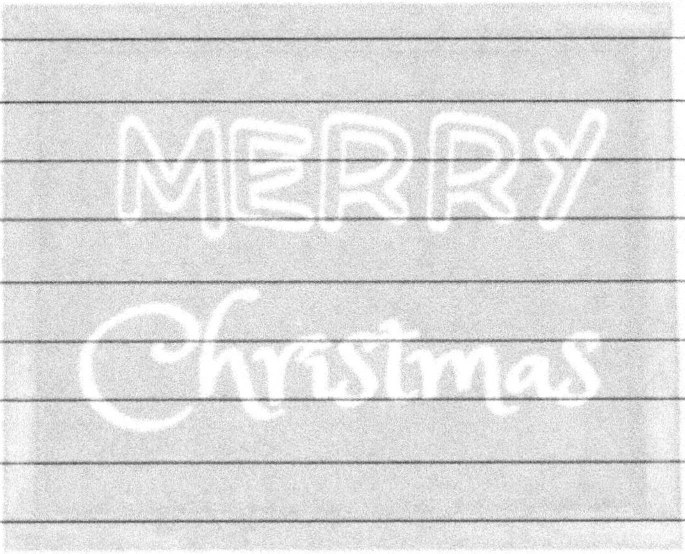
MERRY
Christmas

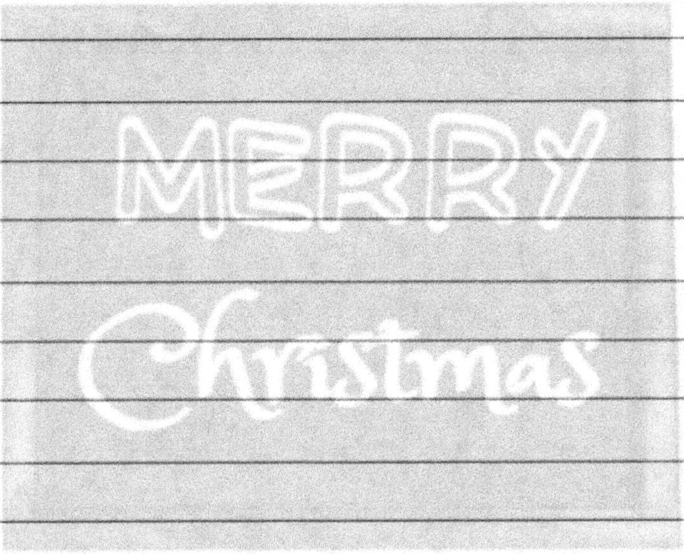
MERRY
Christmas

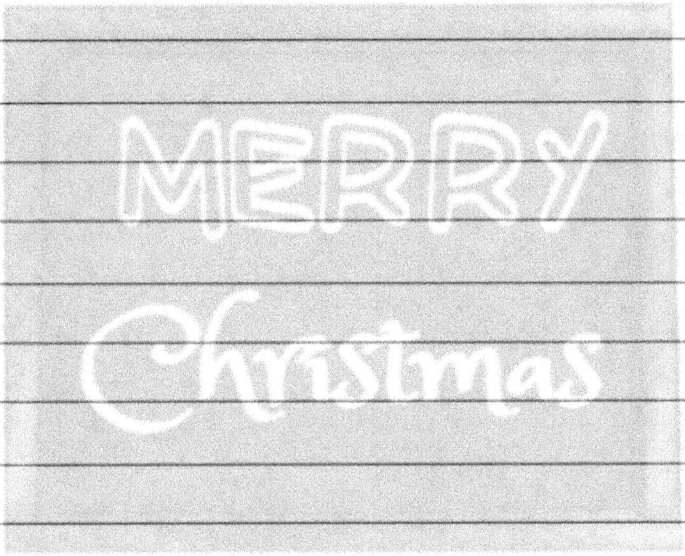
MERRY
Christmas

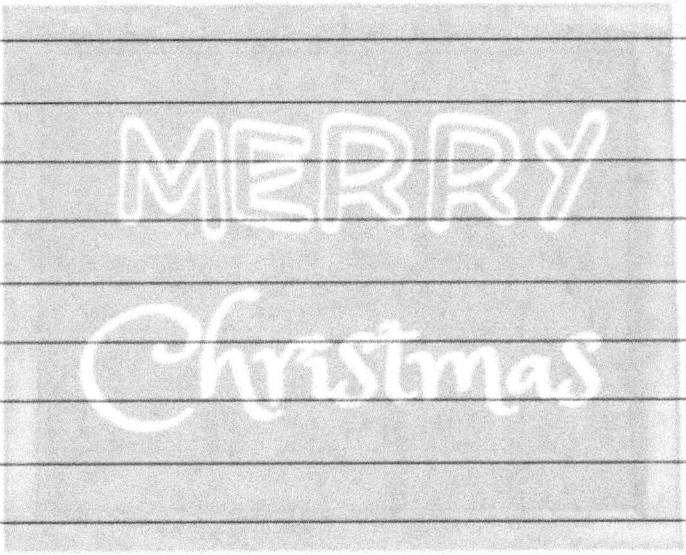
MERRY
Christmas

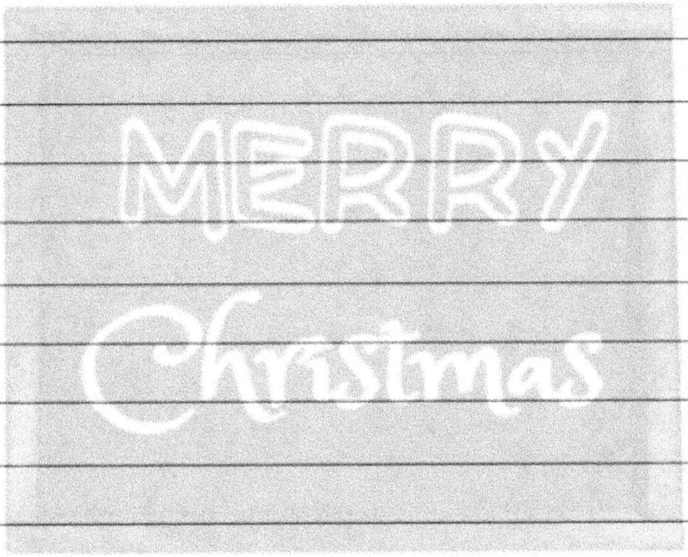
MERRY
Christmas

MERRY Christmas

MERRY Christmas

www.ingramcontent.com/pod-product-compliance
Lightning Source LLC
LaVergne TN
LVHW060333080526
838202LV00053B/4460